AF237611

Traum leben -
Raum geben

Plädoyer für eine offene Gesellschaft

von Rudolf Hubert

Impressum:

Traum leben - Raum geben
Plädoyer für eine offene Gesellschaft

von Rudolf Hubert

Herausgeber: Hans-Jürgen Sträter

ISBN: 978-3-754348-4-99

Ausgabe vom 1. Oktober 2021

Alle Rechte vorbehalten

Herstellung und Verlag: BoD – Books
on Demand, Norderstedt

MIX
Papier aus verantwortungsvollen Quellen
Paper from responsible sources
FSC® C105338
FSC
www.fsc.org

Vorwort

Nüchtern berechnet die Naturwissenschaft das Alter von Raum und Zeit auf ca. 13,5 Milliarden Jahre.

Voller Schönheit und mit poetischen Bildern zeichnet die Bibel den Beginn unserer Welt. Schon hier sehen wir die Menschheit bewegt zwischen dem Trauma der Vertreibung und dem Traum von der Rückkehr ins Paradies.

Verheißungen und Visionen hatten auch Abraham und Mose. Die Träume von Josef retteten sogar Ägypten und auch seine eigene Familie. Bemerkenswert ist der Blick in die Zukunft, den Johannes machen konnte, wenn er von der zukünftigen Stadt Gottes schreibt: *„Und ihre Tore werden nicht verschlossen am Tage; denn da wird keine Nacht sein."* (Offenbarung 21, 25)

Albert Einstein hat schon bewiesen, dass Zeit und Raum zusammen gehören. Geben wir darum unserer Lebenszeit Lebensraum. Der nachfolgende Text von Rudolf Hubert, „Plädoyer für eine offene Gesellschaft" möchte dazu Mut machen, damit unser aller Traum Wirklichkeit wird...

Hans-Jürgen Sträter

Inhalt

Plädoyer für eine offene Gesellschaft

I. Wo stehen wir?

Angesichts faschistischer Barbarei in Deutschland und der heraufziehenden dunklen Wolken eines bevorstehenden kriegerischen Weltenbrandes, meinte in den dreißiger Jahren des vergangenen Jahrhunderts der christliche Schriftsteller Reinhold Schneider, dass es nur noch *den Betern gelingen kann, das Schwert ob unserer Häupter abzuwenden.* Es ist den Betern seinerzeit nicht gelungen, so die erschreckende und dramatische geschichtliche Erfahrung. Dass in Deutschland das industriemäßige Töten von Menschen erfolgt ist – und zwar vornehmlich aus rassistischen Motiven – ist eine historische Tatsache, die einmalig ist in ihrem monströsen Ausmaß.

Viele Menschen haben das verbrecherische Treiben eines verbrecherischen Regimes verdrängt. Viele haben gemeint, dass doch so etwas gar nicht möglich sein kann. Und viele haben – im Nachhinein oft – versucht, die Wirklichkeit zu leugnen, zu verharmlosen oder abzustreiten. Man sollte meinen, dass diese Brutalität so ungeheuerlich ist, dass sie durch ihre Ungeheuerlichkeit dazu führen wird, dass nie wieder Menschen zu solchem Denken und zu solchen Taten fähig werden.

Nie wieder? Ich habe meine sorgenvollen Zweifel!

Jüngstes, erschreckendes Beispiel, das heute in der Zeitung stand und mehr aussagt über die Verrohung der Sitten als manche wissenschaftliche Analyse: Ein syrisches Kind im Alter von 8 Jahren kommt bei einem Verkehrsunfall um' s Leben. Am Unfallort findet man am nächsten Tag Schmierereien mit Hakenkreuzen... Politisch etablierte Parteien reden von „Asyltourismus". Gerade so, als ob Menschen auf einem Ausflug oder auf einer Kreuzfahrt sich befinden. Zynischer geht's kaum noch, zumal die „Festung Europa" erklärtes Ziel vieler ‚Patrioten' ist, die angeblich das ‚Abendland' retten wollen vor „Überfremdung".

Hätten diese ‚Patrioten', die sich nicht entblöden, auch das wichtigste Symbol des Christentums, das Kreuz für ihren ‚Kreuzzug' zu missbrauchen, wenigstens ein wenig gelernt aus der Geschichte. Sie haben nicht gelernt – und sie haben NICHTS gelernt! Denn wenn sie gelernt hätten, wären sie u.a. bei Karl Rahner fündig geworden, der in München, in der Fastenzeit des Jahres 1947 (!), zwei Jahre nach Ende des schrecklichen II. Weltkrieges und der faschistischen Barbarei in Deutschland, die folgenden Worte den Menschen seiner Heimat in' s Gedächtnis und Gewissen rief:

"Das Zepter der Welt ist schon vom Abendland gewichen. Das Abendland, dem die Verheißungen Gottes galten, weil es den Namen Christi vor die Könige und Völker der ganzen Welt tragen sollte, und das darum die Herrin der Welt geworden war, hat in der Zerreißung der Einheit der Christenheit, in der Anbetung des Goldenen Kalbes, in dem Hochmut der glaubenslosen Vernunft, in der selbstsüchtigen Tyrannei, mit der es die Welt an sich reißen wollte, und zuletzt noch in der Verbiegung des Kreuzes Christi zum Hakenkreuz als Ganzes den Auftrag Gottes verraten."[1]

Karl Rahner predigte 1947 in der Bürgersaal-Kirche in München, denn „St. Michael", lag seinerzeit noch in Trümmern, wie so vieles im Nachkriegsdeutschland in Trümmern lag. Das betraf die Städte und Dörfer, das betraf aber auch die Köpfe der Menschen, die gedanklich oft sinn- und ziellos umherirrten und sich in einer geistigen Trümmerwüste wiederfanden nach dem katastrophalen Ende des so genannten „tausendjährigen Reiches".

1 „Beten mit Karl Rahner", Herder, 2004, Band 1 „Von der Not und dem Segen des Gebetes", S. 182

Das Ende des verbrecherischen Wahns Nazideutschlands 1945 war für viele Menschen – physisch und psychisch – buchstäblich das Ende. Ist das alles schon vergessen? Ist die kollektive Gedächtnisleistung tatsächlich so gering?

Mir fällt angesichts der heutigen Parolen, besonders vom ‚rechten‘ Rand unserer Gesellschaft, das Wort von Bert Brecht ein, dass das reiche Karthago insgesamt drei Kriege geführt hat. Nach dem ersten Krieg war es wohl noch mächtig, nach dem zweiten war es noch bewohnbar und nach dem dritten – der es dem Erdboden gleichgemacht hat – war es nicht mehr auffindbar.

Haben wir in Deutschland, in Europa, ja im internationalen weltweiten Engagement, aus der Geschichte gelernt? Oder meinen wir, dass ‚Karthago‘ weit weg sei und dass dies niemals unser Schicksal wird? Wenn wir uns da nur nicht täuschen! Mir erscheint die Situation im Nahen Osten, insbesondere in Syrien, aber auch in Afrika oder Nordkorea oft wie ein Menetekel, wie die Feuerschrift aus dem Palast von Babylon: Gewogen – und zu leicht befunden!

Wie war es denn in Deutschland nach dem ersten großen Krieg? Hat man gelernt, dass nur der Frieden die Zukunft der Menschen sein kann? *„Am Deutschen Wesen soll die Welt genesen"* – so sprach man sich allenthalben fröhlich Mut zu und war von Deutschtümelei fast besoffen nach all den ‚großartigen‘ Trotzreaktionen des so genannten ‚Führers‘, der es ja geschafft hatte, wieder ein „Großdeutsches Reich" zu errichten. *„Die Fahne hoch, die Reihen fest geschlossen"* und „Es zittern die morschen Knochen…" – Viele Leute sangen diese Lieder mit einer Inbrunst, dass manch einem – nicht nur in Deutschland - das Blut in den Adern zu gefrieren schien. Vor allem dann, wenn sie miterlebten, dass (und wie) ihre Mitbürger bespuckt, beleidigt und gedemütigt wurden. *„Kauft nicht bei Juden"* – Wer sich doch traute, riskierte in diesem Land seinerzeit eine ganze Menge. Der so genannte ‚Führer' war sich nicht zu dumm, die nachweisliche Fälschung der *„Protokolle der Weisen von Zion"* als ‚Wahrheit' den Leuten einzubläuen, damit sie ihm seinen ‚großartigen' „Kampf" gedanklich und buchstäblich abkauften.

Als der böswillige und brutale Irrwitz der Volksverhetzung der braunen Tyrannei sowie das Weltkriegsgeschehen das Land soweit ruiniert hatten, dass es – unter Zuhilfenahme anderer Länder wohlgemerkt – gerade noch bewohnbar war und wiederaufgebaut werden konnte, da war – so hofften viele Menschen – wohl jedem klar, dass Chauvinismus, Militarismus und Rassendünkel endgültig der Vergangenheit angehören würden.

Sicher bin ich mir da längst nicht mehr! In Deutschland, ja in Europa und sogar weltweit kann man einen Hang zum übersteigerten Nationalismus feststellen, zu einem politischen Radikalismus und Fanatismus, der mich erschrecken lässt. Ob religiös, ob von politisch ‚links' oder politisch ‚rechts' – einig ist man sich – bei aller Gegensätzlichkeit und Unterschiedlichkeit der Interessen – i.d.R. schnell, dass die Demokratie, die „offene Gesellschaft", ein großes Übel ist, das beseitigt werden muss – ganz egal von welcher Seite, ganz egal mit welchen Mitteln.

Ich glaube, angesichts dessen ist jeder Demokrat, der den „aufrechten Gang" gelernt hat, in besonderer Weise persönlich herausgefordert. „Wehret den Anfängen" – das Wort gilt! Doch es ist eine fast zu harmlose Feststellung, denn mir scheint, die „Anfänge" sind längst überschritten. Ich freue mich über das vielfältige Engagement der Kirchen und Wohlfahrtsverbände, über die klaren Stellungnahmen und Statements in den Fragen des Umgangs mit geflüchteten Menschen, über alle Bemühungen der Integration. Das alles ist gut und richtig, die Frage bleibt: Reicht es hin? Abgesehen davon, dass ich davon überzeugt bin, dass auf diese „Strukturen des Bösen"[2] tatsächlich nur eine religiös fundierte Antwort hinreichend sein kann, glaube ich, dass wir – alle miteinander – uns noch viel stärker einbringen müssen im Hier und Heute, gelegen oder ungelegen.

Der schon erwähnte Reinhold Schneider hat seinerzeit beklagt, dass in Deutschland, in den dreißiger Jahren des 20. Jahrhunderts, die Kirchen eben nicht im erforderlichen Maße an der Seite ihrer ‚Schwester', der Synagoge, standen. Und wie viele Menschen haben im 20. Jahrhundert geschwiegen, verdrängt und weggeschaut in der völlig unbegründeten ‚Hoffnung', dass sie „ungeschoren davonkommen" und dass es „alles ja doch nicht so schlimm kommen wird". Was dann kam, war mehr als schlimm... Und es ist schon wieder so lange her, dass Augen-und Ohrenzeugen de facto kaum noch da sind und Gehör finden. Denn wer widerspricht den Hetzern heute so, dass sie aufhören oder zur Einsicht kommen (können)? Und dabei treten sie längst nicht mehr nur in Kampfanzug und Springerstiefeln auf. Nein, sie kommen durchaus auch im Nadelstreifenanzug daher, sie nehmen teil an Talk-Runden im öffentlich-rechtlichen Fernsehen und legen Wert auf ein gepflegtes Äußeres, auf eine Sprache, die kultiviert erscheint und auf ein Auftreten, dass man denken möchte, es seien ganz nette Nachbarn von nebenan. Und man merkt mitunter gar nicht, dass die Not Anderer sie völlig kalt lässt. Man spürt nur dumpf, dass da etwas nicht stimmt und kommt doch nicht auf den Gedanken, dass solche öffentlichen Hetzer, die so bieder und brav daherkommen, Menschen verführen, sie radikalisieren und Anderen die Menschwürde absprechen.

2 Buchtitel von Eugen Drewermann

Ich glaube, wir brauchen ein starkes **Plädoyer für eine offene Gesellschaft.** Und wir brauchen für dieses Plädoyer **die Stimme der Religion** in besonderem Maße. Nur wenn Menschenwürde absolut gilt, wenn Macht und Staat, Rasse und Klasse, Geld und Luxus in ihrer relativen Bedeutung durchschaut werden, haben wir für Menschenwürde und Menschenrechte ein hinreichendes Fundament.

Das gilt übrigens auch in umgekehrte Richtung: Menschen engagieren sich sehr oft in einer Art und Weise für ihren „Nächsten" in der Nähe oder Ferne, dass ihr Tun uns darauf aufmerksam machen kann, dass ihr Leben von jenen Werten bestimmt ist, die zu vermitteln allen Religionen aufgetragen ist.[3] Diese Menschen würde ich als die „anonymen Verbündeten" der Gläubigen bezeichnen oder als „anonyme Gläubige", wenn *ganz klar bleibt: Es geht ausschließlich um eine Wertschätzung von meiner Seite aus. Es darf niemals zu einer Vereinnahmung führen. Und es ist selbstverständlich, dass ich die Selbstinterpretation des Anderen voll und ganz akzeptiere, respektiere und wertschätze.*

---

3 Auch wenn Religionen oft versagten und versagen und häufig hinter ihren Ansprüchen zurückbleiben, ja durch ihr Verhalten den eigenen Aussagen radikal widersprechen: Ein wirkliches Argument sind die ‚schlechten Beispiele' nicht in Bezug auf die Wahrheit der Religion. Sonst wäre ja auch die Mathematik nicht richtig, nur weil es vielleicht viele Menschen gibt, die falsch rechnen.

II. Ein Gespräch über den Glauben in heutiger Zeit

J: Mensch, R. mich beschäftigt seit einiger Zeit eine Frage, die mich gar nicht mehr loslässt.

R: J., wir kennen uns doch schon ein Weilchen und von daher meine herzliche Bitte, dass du das, was dich beschäftigt, einfach auch 'raus lässt.

J: Du weißt, ich bin seit einiger Zeit ja auch für die „offene Gesellschaft" tätig und habe daher großes Interesse auch am Interreligiösen Dialog. *Bei unserem Jahresthema geht es ja vorrangig um Vielfalt und dass sie verbindet.* Ja, und wenn ich dann genau hinschaue: Fragen der Integration, der Gewalt, des wissenschaftlichen und gesellschaftlichen Fortschritts – überall ist Religion irgendwie mit im Spiel. Und – jetzt kommt's – irgendwie scheint Religion immer wieder „auf der Bremse zu stehen". Fortschritt und Religion – das passt nicht recht zusammen, so zumindest meine Wahrnehmung.

R: Das sind ja viele Themen auf einmal, liebe J. Über etliche Fragen haben wir schon in den offenen Foren des Interreligiösen Dialogs diskutiert. Ich erinnere in diesem Zusammenhang auch an das Projekt *Weltethos*, das begründet und lange Jahre begleitet wurde von Hans Küng, einem weltbekannten katholischen Theologen, der mittlerweile über 90 Jahre alt ist. Vielleicht, J., ist es gut, wenn wir uns *einem* Thema zunächst zuwenden, vielleicht dem, was du zum Schluss benannt hast. Ich fasse es einmal so zusammen: *Religion und Wissenschaft, Religion und Fortschritt – das passt nicht, das passte nie und es wird auch künftig wohl nie richtig gut zusammengehen.*

J: Danke, R., ich wusste, dass ich mit dir darüber offen reden kann. Das geht ja beileibe nicht mit jedem Gläubigen, die oft entweder nicht viel über den Glauben wissen oder Positionen verteidigen, die unsinnig sind.

R: Oh, das ist ein schwerer Vorwurf, J. Kannst du Beispiele nennen, damit ich weiß, was du meinst?

J: Na, schau doch einfach einmal genau hin: Wie lange hat es gedauert, bis sich Darwin durchgesetzt hat. Oder denke an Galilei, an Kepler oder Kopernikus. Alles wurde eigentlich immer gegen die Kirchen durchgesetzt. Du ahnst kaum, wie froh ich darüber bin, dass es die *Aufklärung* in Europa gab. Bei vielen Gläubigen ist es doch heute noch so, dass sie glauben, dass Gott die Welt in 7 Tagen erschaffen hat, dass Bibel und Kirche gegen die Wissenschaft stehen.

R: Ja, überall, wo Menschen nicht weiterkommen, setzen sie zu gerne Gott als *Lückenbüßer* ein. Solch ein Gott wird immer kleiner, je mehr die Wissenschaften herausbekommen. Nur, J., solch ein *Gottesbild* ist wirklich nicht meins. Und ich kenne eigentlich auch keinen ernstzunehmenden Theologen, der heute so denkt. Glaube und Wissen behandeln unterschiedliche Aspekte und Themen. Die Wissenschaft forscht nach dem *Wie,* sie erforscht die vielfältigen Zusammenhänge der Welt, des Lebens, der Entwicklung. Glaube ist eine *Option.* Eine Option, dass die Welt, das Leben der Menschen sinnvoll ist. Glaube gibt eine *Richtung* an, ein *Ziel.* Die Wissenschaft beschäftigt sich mit dem *Wie* von allem, der Glaube mit dem *Wozu, Woher und Wohin.* Dass Gläubige mit der Wissenschaft „auf Kriegsfuß stehen", das mag sein. Aber spricht das wirklich gegen den Glauben? Die Physik wird doch nicht dadurch schlecht, unwahr oder unsinnig, weil es Menschen gibt, die die Zusammenhänge – auch bei bestem Willen – nicht verstehen.

J: Das Beispiel hilft mir nur bedingt, denn wie sieht denn dein Glaube wirklich aus? Und ist er nicht doch ein Konkurrent zur Wissenschaft? Mir stellt sich das immer wieder so dar: Hier die Bibel mit vielen schönen Geschichten. Manche sind dabei gar nicht schön, sondern schlimm und grausam. Und immer wieder geht es da um einen *Gott,* der sich angeblich um die Menschen kümmert. *Ich sehe und spüre von all dem gar nichts!* Und ich habe den Eindruck, so einen Gott gibt es gar nicht, kann es gar nicht geben. Da haben sich Menschen etwas ausgedacht, weil sie nicht mehr weiterwussten oder weil sie Trost brauchen. Und auch heute behaupten Gläubige doch zumeist etwas gegeneinander, jeder will Recht haben. Und was kommt dabei 'raus? Religion, Krieg, Gewalt – all das hängt doch zusammen. Siehst du das denn nicht?!

R: J., das ist wirklich ein weites Feld. Und eigentlich braucht es ein ganzes Leben, um mit diesen großen Fragen wirklich zurecht zu kommen. Es gibt ein sehr schönes und wichtiges Buch von dem Theologen, von dem ich dir öfter schon erzählt habe, von Eugen Drewermann. Der Titel ist leicht zu merken: *„Die großen Fragen"*. Und mitunter reicht das ganze Leben nicht aus, um mit diesen „großen Fragen" wirklich irgendwie fertig zu werden. Die Theologin Dorothee Sölle hat vor etlichen Jahren ein Buch geschrieben, dessen Titel vielleicht etwas andeutet, worum es im Glauben tatsächlich geht: *„Es muss doch mehr als alles geben"*. Schon sprachlich ist hier ja ein Paradoxon gegeben: Wenn wir wirklich von *allem* reden, dann kann es logisch nichts mehr darüber hinaus geben.

Worum es Dorothee Sölle wirklich geht und was eben ernstlich mit Glauben zu tun hat, hat mir (wieder einmal) Eugen Drewermann erschlossen:

„Natürlich kann die Welt durch Zufall, durch Quantenvakuumfluktuation entstanden sein...Aber: Wie wir als Menschen darin leben, wird kein Naturwissenschaftler sagen...Wir können simpel sagen: Gott braucht überhaupt keine Religion, und die Natur hat keine Religion. Aber nötig haben, um richtig menschlich zu leben, wir Menschen den Bezug zu Gott." [4]

Drewermann meint damit, dass die Natur, die uns hervorgebracht hat, uns eigentlich gar nicht meint, sondern mit Vielem experimentiert, Vieles verwirft und vernichtet. Als Menschen, die empfindsam sind, die

4 Eugen Drewermann „Nur die Liebe lehrt uns glauben"- Publik-Forum, Oberursel 2011, S. 71

hoffen, die Sehnsucht haben, die trauern und wirklich getröstet werden wollen, brauchen wir mehr, als die Natur uns anbietet. Und das gilt grundsätzlich, es gilt immer und für jeden Menschen.

Das, liebe J. scheint mir wesentlicher Grund und Inhalt von Religion zu sein: *Um menschlich leben zu können, reicht die Natur nicht aus!*

J: Danke, R., darüber möchte ich erst einmal weiter nachdenken – und vor allem – weiter mit dir im Gespräch bleiben. Denn das Miteinander und Füreinander – das ist eigentlich auch für mich das Allerwichtigste.

III. Vielfalt verbindet

Das Jahresthema 2017/2018 der Interkulturellen Wochen in Deutschland lautet mit Bedacht: *„Vielfalt verbindet".* Gerade angesichts fremdenfeindlicher Äußerungen, Hass und Intoleranz – auch (vielleicht sogar besonders) in der digitalen Welt – ist dieses Motto an Bedeutung kaum zu überbieten. In den *offenen Foren des Interreligiösen Dialogs in Schwerin,* in denen es um Themen wie *Religion und Geld* oder *Macht und Ohnmacht der Religion* oder *Gewalt im Namen der Religion?* geht, wird die Frage des Mit- und Füreinanders immer wieder auf den Prüfstand gestellt.

Es gibt keine Alternative zum Dialog, auch und gerade dann nicht, wenn die Positionen konträr sind und weit auseinanderliegen. Grob fahrlässig für den sozialen Zusammenhalt unserer Gesellschaft ist es, angesichts unterschiedlicher, ja, oft gegensätzlicher Auffassungen, den Dialog nicht zu führen oder den Gesprächsfaden abreißen zu lassen bzw. das Gespräch zu verweigern. Das Beharren auf ‚unverrückbare Standpunkte', auf die eigene Wahrheit, die ausschließlich gilt – und zwar allgemein – und das lautstarke Niedermachen anderer Meinungsäußerungen führen dazu, dass Menschen immer weniger miteinander und immer mehr gegeneinander aktiv werden.

Gerade weil der soziale Friede in unserer Gesellschaft ein so hohes Gut und durch nichts zu ersetzen ist, lohnt jede Anstrengung. Und weil Religionen für sich in Anspruch nehmen, Werte zu vermitteln und Werte zu leben, finden in den *Interkulturellen Wochen* in Schwerin nicht nur die schon traditionellen *offenen Foren* statt. Seit vielen Jahren gibt es im Oktober den religiösen Begegnungsnachmittag: *Weißt du, wer ich bin?* Dabei stellen sich die verschiedenen Religionsgemeinschaften vor, kommen miteinander in's Gespräch, sind kreativ tätig, hören gemeinsam Musik, lesen, tanzen und essen. Gemeinschaft miteinander sowie gegenseitiges Kennenlernen und der Abbau von Ängsten und Vorurteilen – dies alles steht an diesen Nachmittagen im Mittelpunkt. „Liebe geht durch den Magen", sagt schon der sprichwörtliche Volksmund. Das gilt privat – und es gilt auch für gesellschaftliche Gruppen und Kreise. *Vielfalt verbindet* – gerade bei den unterschiedlichsten Essensgerichten zu Tisch kann man erfahren, ja wörtlich schmecken, wie bereichernd es ist, das Leben miteinander zu teilen.

In Schwerin ist es seit vielen Jahren gute Tradition, dass der Stadtpräsident oder der Oberbürgermeister die Interkulturellen Wochen auf dem Marktplatz eröffnet. Hier in der Öffentlichkeit – früher fand die Veranstaltung im Rathaussaal statt – haben nach der Begrüßung durch die Stadtspitze jeweils die Teilnehmerinnen und Teilnehmer des Interreligiösen Dialogs das Wort ergriffen. So wird es auch in diesem Jahr wieder sein. Die Vertreter der verschiedenen Religionen stellen aus ihrer Sicht dar, welche Bedeutung das Jahresthema für sie hat, wie es seinen Niederschlag in den Texten ihrer Religionen findet, welche Impulse von ihm ausgehen bzw. wie sie selber das Jahresthema umsetzen und wie es das Leben bei Juden, Christen und Muslimen beeinflusst. In der örtlichen Presse – auch wiederum seit vielen Jahren – geben die Religionsvertreter ihre Statements ab zur Bedeutung und zum Inhalt der Interkulturellen Woche.
Und natürlich kommen Flucht, Vertreibung, aber auch Angst vor Abschiebung ebenso zur Sprache wie die Frage nach der so genannten *Leitkultur*, nach Beispielen gelungener Integration und dem Umgang mit Trauer und Hoffnung, Sehnsucht und Enttäuschung, Ablehnung und Annahme. Die Religionen sind sich dessen bewusst, dass sie einen ganz eigenen, unersetzlichen Beitrag einzubringen haben für ein gedeihliches gesellschaftliches Miteinander. Sie wissen auch um Vorurteile und um Ressentiments. Diese – offenen und verdeckten – Vorbehalte werden im offenen Dialogprozess nicht verdrängt;

sie werden aufgegriffen, man setzt sich mit ihnen in einem dialogischen, fairen und transparenten Prozess auseinander und hält das Bewusstsein wach, dass es viele „anonyme Verbündete" gibt. Das sind vor allem Menschen, die sich nicht vereinnahmen lassen wollen, die an Religion mehr Fragen als Antworten haben und die dennoch ihr Leben so gestalten, dass dadurch die eigentlichen Anliegen der Religionen zur Geltung gebracht werden, oftmals aber eben unter ganz anderer Bezeichnung und anderem Namen.

Zwei kleine eigene Beispiele möchte ich gerne an dieser Stelle einbringen:

Gerne erinnere ich mich zurück an meine Kindheit, als wir unbeschwert auf einer großen bunten Wiese spielten. Heute stehen dort Einfamilienhäuser. Das Bild dieser wunderschönen Wiese aus Kindertagen drängt sich mir auf angesichts unseres Themas der Interkulturellen Woche: „Vielfalt verbindet". Ist es nicht so ähnlich mit uns Menschen? Sind wir nicht alle so unterschiedlich wie Blumen und Pflanzen, die erst zusammen Schönheit und Fülle ausprägen? Schönheit, Vielfalt und Fülle – wir sind mitten drin im Interreligiösen Dialog, denn wovon sprechen alle großen Weltreligionen? Dankbar bin ich für dieses gute Wort von Eugen Drewermann zu unserem Jahresthema:
„Ein jeder Mensch ist als irdische Existenz nicht weniger hinfällig und zerbrechlich als Schneeflocken im Wind; aber in der Liebe erhebt er sich über die Natur und eröffnet dem anderen in dem Gefühl einer überfließenden Dankbarkeit für die Schönheit seiner Existenz einen Einblick in die Sphäre einer absoluten Personalität und Liebe, die als Grund und Ursprung allen Seins erscheint."[5] (2017)

---

5 Eugen Drewermann „Worte für ein unentdecktes Land", Herder, Freiburg-Basel-Wien, 1990/1999, S. 48 (Aus: *Tiefen-psychologie und Exegese, II, 459*)

„Das Jahresthema 2018 kennt verschiedene Zugänge. Drei sind mir besonders lieb: Zunächst Pablo Picasso: „Es gibt Maler, die die Sonne in einen gelben Fleck verwandeln. Es gibt aber auch andere, die dank ihrer Kunst und Intelligenz einen gelben Fleck in die Sonne verwandeln." Das Plädoyer für Mut und Kreativität wird ergänzt durch die Kraft der Stillen und die Treue des Alltags, wie eine fernöstliche Weisheit bezeugt: „Ein Baum, der fällt, macht mehr Krach, als ein Wald, der wächst." Schließlich das Wort von Pater Alfred Delp, dessen Einsatz für Menschenwürde im gewaltsamen Tod durch das Nazi-Regime endete: „Wenn durch einen Menschen ein wenig mehr Liebe und Güte, ein wenig mehr Licht und Wahrheit in der Welt war, hat sein Leben einen Sinn gehabt."

IV. Impulse aus religiöser Weltdeutung

Christen beziehen sich auf Leben und Wort des Mannes aus Nazareth. Seine Botschaft ist für sie die geltende *Leitkultur.* Diese Botschaft darf nicht missbraucht werden im Namen von Menschen, die vorgeben, das ‚Abendland' zu retten, indem sie zu Hass und Intoleranz aufrufen. Christsein kennt in allererster Linie das Wort *FÜR.* Statt nur nebeneinander oder gar gegeneinander zu leben, sieht der christliche Lebensentwurf das *MITEINANDER* vor. Ohne diese Solidarität gäbe es gar kein Abendland, denn dieser Name, der für Europa steht, hat drei Wurzeln: Die griechische Philosophie, das römische Recht und den jüdisch-christlichen Glauben. Die *Pro-Existenz Jesu* (Heinz Schürmann) als „produktives Vorbild" (Karl Rahner) für unser Leben drückt Papst Benedikt - Joseph Ratzinger in seinem Hauptwerk *„Einführung in das Christentum"* prägnant so aus:

„Christlicher Glaube glaubt Jesus von Nazareth als den exemplarischen Menschen...gerade als der exemplari-sche, als der maßgebende Mensch überschreitet er die Grenze des Menschseins; nur so und nur dadurch ist er der wahrhaft exemplarische Mensch. Denn der Mensch ist umso mehr bei sich, je mehr er beim anderen (Gott) ist. Er kommt nur dadurch zu sich, dass er von sich wegkommt."[6]

Diese Aussagen sind nur möglich, wenn der Mensch wirklich mehr ist, als er von sich aus ist. Wenn er mehr ist als sein Leistungsvermögen, als sein verwertbarer Nutzen, als sein gesellschaftliches Ansehen. Diese Definition des *„exemplarischen Menschen"* legt eine Dimension menschlichen Seins frei, die Geschenk-Charakter hat. Christen sprechen von *Gnade,* von *göttlicher Zuwendung.* Sie sprechen davon, dass in jedem Mensch-Sein ein

6 Aus Joseph Ratzinger-Papst Benedikt XVI „Einführung in das Christentum", München, 10. Auflage 2011, S. 220

unaussprechlich - erhabenes Geheimnis waltet, das jeden Menschen als Person ernst nimmt, indem es ihn anspricht. In diesem *liebenden Angesprochen - Sein* ist die unverletzbare Würde JEDES Menschen hinterlegt. Sie bürgt dafür, dass das Leben des Menschen Bestand hat – jenseits aller Todesgrenzen. Der Mensch ist keine ‚Eintagsfliege‘, sondern in der Liebe zu Hause und aufgehoben. Ja, religiöse Menschen geben die Hoffnung nie auf, dass in dieser allumfassenden Liebe einmal *„alle Tränen getrocknet werden"*.

Es war der Jahrhunderttheologe Karl Rahner, der für diesen religiösen ‚Befund‘ die bewegenden Worte fand:

„Wer vor die Gräber von Auschwitz oder Bangla Desh oder andere Mahnmale der Absurdität des menschlichen Lebens tritt und es fertigbringt, weder davonzulaufen (weil er diese Absurdität nicht aushalten kann) noch zynisch zu verzweifeln, der glaubt, auch wenn sein Verstand stillsteht, an das, was wir Christen das ewige Leben nennen...Man kann radikale Liebe, Treue und Verantwortung, die sich nie ‚rentieren‘, leben und meinen, alles menschliche Leben verschwinde im leeren sinnlosen Nichts, aber im Akt solcher Lebenstat selbst ist diese Meinung nicht enthalten, und sie widerspricht dem, was man tut."[7]

Das Leben ist nicht ohne Dissonanzen denkbar und erfahrbar. Wer – wenn nicht Menschen mit einer christlichen Hoffnung – wissen im Letzten darum!

"Hier ist die Grenze; ich glaube die schärfste, die sich überhaupt ziehen lässt. Nicht Glaube oder Unglaube formieren die erste Instanz, sondern die Anerkennung des Tragischen; sie geht dem Glauben voraus. Das Christentum ist nur fassbar in einer unheilbaren, aber erlösbaren Welt. Im Verständnis des Tragischen als eines unaufhebbaren Daseins-Widerspruchs liegt eine wesentliche

7 Karl Rahner „Das große Kirchenjahr", Leipzig 1990, S. 271

Kontinuität unserer Überlieferung; in seiner Leugnung ein nicht zu verschmerzender Bruch. "[8]

Christen brauchen sich diese – durchaus unbequeme - Wahrheit nicht zu verhehlen und zu verheimlichen und sich in Verdrängungskünsten üben, weil sie eine Hoffnung haben, die wohlbegründet ist. Denn christlicher Glaube ist alles andere als Weltflucht oder weltferne Träumerei. „Träume sind Schäume", sagt der bekannte Volksmund. *„Opium des Volkes"* oder *„Opium für das Volk"* – so lauten die religionskritischen Äußerungen von *Marx und Lenin*, die damit nur zu erkennen gaben, dass sie das Eigentliche der Religion gar nicht erkannt haben. Ebenso wenig wie *Friedrich Nietzsche*, der den Christen vorwarf, eine *‚Moral der Schwachen'* zu besitzen und zu verbreiten, um den ‚Starken', diejenigen also, die *„der Erde treu bleiben"* – und sich keinen illusionären Himmel herbeiwünschen (müssen, um ihr Elend auszuhalten) – ein schlechtes Gewissen zu bereiten.

8 Reinhold Schneider „Pfeiler im Strom", Wiesbaden1958, S.VIII und S. 96 – Die „Anerkennung des Tragischen" wird von Reinhold Schneider hier sogar als „schärfste Grenze", als „erste Instanz" beschrieben. Das mag ein deutlicher Hinweis sein an all jene Fortschrittsoptimisten, die (noch immer) glau-ben, dass der Mensch das ‚Paradies' aus eigener Kraft herbeizwingen kann. Er kann es nicht, er wird es auf Grund seiner vielfältigen Begrenztheit nie können! Der Mensch darf weder einer übermenschlichen Hybris verfallen, noch darf er sich dazu verleiten lassen, man könne sich im gesellschaftlichen Prozess einfach abseitsstellen und braucht nur abzuwarten. Wer gar meint, die Not der Anderen sei die eigene Sache nicht, der irrt gewaltig. Und erst recht kann er sich nicht auf Reinhold Schneider berufen. Denn nicht zufällig hat der Freund Reinhold Schneiders, Werner Bergengruen, gerade dieses Zitat Schneiders mit ausgesucht, um wesentliche Charakteristika von Reinhold Schneider auszusagen. Bergengruen schreibt nur zwei Seiten weiter über Schneiders Verhältnis zur Schöpfung, ja zum Leben überhaupt, die bewegende Passage: *„Mit einer neuen Liebe wendet er* (gemeint ist Reinhold Schneider, R.H.) *sich der Schöpfung zu, und nicht zuletzt dem Geringen, das ihm aller Verklärung wert scheint, dem Moos in den Stein-ritzen, den Sperlingen, dem Unkraut und dem zerrinnenden Tau. Das Theater verzaubert ihn wie einen Jüngling. Unter den vielen Plänen, die ihn beschäftigen, stehen dramatische oben-an. Welch einen künftigen Reichtum schien diese Wandlung zu verbürgen!"* Pfeiler im Strom", Wiesbaden1958, S.X.

Aus der „Wolke von Zeugen", die dieses krasse Fehlurteil über die Religion als solches kritisieren, seien nur ein paar wenige, prägnante Stellungnahmen angeführt.

Hans Urs von Balthasar urteilt scharf aber präzis über diese „Nachhegelianer", indem er schreibt:

„*Was ist bei unsern Nachhegelianern aus diesem dämonischen Griff nach dem göttlichen Wissen geworden? Entweder das leere Geklapper von Logistik, das hermetische Getuschel über Hermeneutik oder die letzte spießbürgerliche Unterwerfung des Wissens unter den Staat (Hegel), das Volk (Hitler), die Wirtschaft und Gesellschaft (Marx, Stalin, der Amerikanismus)*"[9]

Hans Küng deckt unmissverständlich den Grundwiderspruch auf, der Feuerbach unterlief in seiner Argumentation und der nicht deshalb aufgelöst wird, nur weil viele Menschen dieses (Vor) Urteil unkritisch übernahmen und – bis auf den heutigen Tag – übernehmen:
„*Natürlich existiert etwas noch nicht allein deshalb, weil ich es wünsche oder ersehne. Aber auch umgekehrt gilt: Es existiert auch nicht notwendigerweise n i c h t, w e i l ich es wünsche. Gerade dies war der Fehlschluss des Projektionsarguments von Feuerbach und seinen zahllosen Gefolgsleuten gewesen: Gott existiere nicht, meinten sie, weil ich ja nur wünsche, er möge existieren. Meine Gegenfrage: Warum soll, kann und darf etwas von mir Gewünschtes, Erhofftes, Ersehntes von vornherein nicht existieren? Warum eigentlich sollte das seit Tausenden von Jahren in Tausenden von Tempeln, Synagogen, Kirchen und Moscheen Verkündete, Verehrte, Angebetete nur reine Illusion sein…Und sollte die ungeheure Sehnsucht der Menschen nach ewigem Frieden, einem letzten Sinn, definitiver Gerechtigkeit wirklich ohne alle Erfüllung bleiben?*"[10]

9 Hans Urs von Balthasar im „Josef Pieper – Lesebuch", München 1981, S. 7
10 Hans Küng „Was ich glaube", München-Zürich 2010. S.131

In seiner Lebensbilanz „Innenansichten eines Artgenossen" geht Hoimar von Ditfurth mehrfach in analoger Weise wie Hans Küng auf diesen Widerspruch bei Feuerbach und seinen ‚Jüngern' ein.

Hören wir an dieser Stelle auch *Eugen Drewermann* zu, der sich mit Fragen der Religionskritik mit der ihm eigenen Eindringlichkeit und Gründlichkeit auseinandergesetzt hat:

„Die Ansicht mancher Religionspsychologen, dass die Religion aus Angst und Hilflosigkeit entstanden und deshalb als haltlose Illusion zu betrachten sei, verkennt, dass es zum Menschen wesentlich gehört, ‚Ängste zu haben, die unendlich sind und im Endlichen nie eine Antwort finden, und dass es zudem auf eine Verwechslung von Ursache und Wirkung hinausläuft, das Heilmittel einer Krankheit als Produkt der Krankheit zu interpretieren. So wie der Durst eines Menschen in gewissem Sinn ein Beweis für die Existenz des Wassers ist oder wie etwa die Flugunruhe der Vögel um Anfang Oktober beweist, dass es wärmere Länder im Süden der Erde geben muss, ist die Sehnsucht des Menschen nach Gott ein Beweis für die Existenz des Göttlichen. ‚Du würdest mich nicht suchen, wenn du mich nicht schon gefunden hättest', lässt Blaise Pascal in den ‚Pensees' Christus zum Menschen sprechen."[11]

„Der Freudsche Pessimismus... wird nicht überwunden durch die Feststellung, dass die Symbolsprache der menschlichen Seele überhaupt etwas meint und anstrebt, sondern allein durch die philosophische Begründung des Glaubens, dass es unabhängig vom Menschen die Wirklichkeit bereits gibt, auf die hin der Mensch selbst sich ausgerichtet sieht. Es kann dem Erdbeben der Angst und

11 Eugen Drewermann „Das Wichtigste im Leben", Ostfildern 2015, S.24 f

Haltlosigkeit der menschlichen Existenz nur ein jämmerlicher Trost sein, wenn man versichert, der Mensch verfüge ja über bestimmte angeborene Vorstellungen von Sinn und Heil; es kommt alles, buchstäblich alles darauf an, dass die Vorstellungen auf etwas Reales hinweisen, von dem her sie sich selbst begründen.“[12]

„Die letzte Antwort auf all die psychologisch gerade bei besonders sensiblen und introspektionsfähigen, bei ‚berufenen' Menschen so überdeutlich erlebten Gründen zu Selbstzweifel und Selbstverachtung lässt sich, ganz wie die Bibel es in der Vorbildgestalt des MOSES schildert, gewiss niemals rein psychologisch finden, sondern nur in einem Vertrauen, in allem, im Licht wie im Schatten, leben zu können und leben zu dürfen. Wo dieses Vertrauen sich bildet, da allemal ergreift, jenseits dessen, was Menschen einander zu sagen vermögen, Gott selber das Wort in Zuspruch und Widerspruch, im Ja zu uns selbst und im Nein zu all dem, was in uns und um uns verneint, was wir sind. Gott ist, sagt ein schönes Bildwort aus dem Jakobusbrief, ein Licht ohne Schatten, er ist der ‚Vater (der Ursprung) der Lichter' (Jak 1, 17); er ist die Helligkeit, die wir, wie hinter den Fenstern einer gotischen Kathedrale, im Jenseits der Bilder erhoffen dürfen als die Kraft, die macht, dass die ‚Bilder' uns leuchten und dass sogar unsere Augen sie sehn.“[13]

„Nie hätten die Menschen erfahren dürfen, was es für ein ‚Geschöpf', für ein Gebilde aus Staub, bedeutet, ohne seinen Schöpfer leben zu müssen; nie hätten sie kennenlernen dürfen, wie das ganze Leben aus Lust zur Last wird, wenn man einem Geschöpf, das imstande ist, sich selbst zu erkennen, die fundamentale Bejahung des Daseins entzieht, die sich mit dem Namen Gottes verbindet.

12 Eugen Drewermann „Strukturen des Bösen“, Schöningh - Paderborn, 1977/78, Band I - III, hier II, S. XXVII
13 Eugen Drewermann „Hat der Glaube Hoffnung?“, Walther - Verlag, Düsseldorf, Zürich, 2000, S.292

Kein Mensch muss sein, aber er darf sein, er soll sein als etwas Erwünschtes, Berechtigtes und Wünschenswertes, solange es ‚Gott' gibt. Ohne diesen Hintergrund stürzt der Mensch in den Abgrund einer radikalen Gnadenlosigkeit, in der jeder Schritt, jeder Gedanke, jedes Tun überfrachtet wird mit der Frage, wie aus dem Kohlenstaub der eigenen Nichtigkeit durch Überdruck an Leistung und Anstrengung gewissermaßen ein Diamant hervorzupressen sei. Nicht vom ‚Baum der Erkenntnis von Gut und Böse zu essen' – es war das einzige ‚Verbot', das Gott zum Wohle des Menschen erlassen wollte, erlassen musste!" [14]

Christlicher Glaube ist vor allem auch ein „*Glaube, der die Erde liebt*" (Karl Rahner). Darum soll hier auch noch einmal *Karl Rahner* zu Wort kommen:

„Der Christ muss ja sein Christentum am Material der Welt realisieren. Er kann dies aber nur, wenn er sich mit diesem Material selbst vertraut gemacht hat. Diese Vertrautheit ist aber nur dort möglich, wo er sich im Vertrauen auf den einen Gott des Himmels und der Erde wirklich ursprünglich und arglos auf diese Welt einlässt. Diese Welt hat als profane in allen ihren irdischen Mysterien zwischen Geburt und Tod eine innere geheimnisvolle Tiefe, in der sie durch die Gnade Gottes auch dort noch auf Gott und seine unendliche Unbegreiflichkeit seiner Liebe hin geöffnet ist, wo sie es vor der ausdrücklichen Botschaft des Evangeliums nicht weiß. Es gibt nicht nur viele anonyme Christen, sondern auch eine anonym christliche Welt. Denn dort, wo sie in ihrer eigenen Forderung und Wirklichkeit tatsächlich in der ganzen Breite und Tiefe des natürlich-menschlichen Seins und für die Ganzheit eines Lebens bestanden wird, ist nach christlicher Lehre schon Gnade Christi am Werk und ist darum dieses Bestehen schon etwas Christliches,

14 Eugen Drewermann „Jesus von Nazareth" – Befreiung zum Frieden, Zürich, Düsseldorf, 1996, S. 139 f

obwohl es seiner Ausdrücklichkeit nach nur etwas Profan-Natürliches ist.

Wo also dem Menschen ein wirklich humanes Daseins- und Weltverständnis vermittelt wird, geschieht eine Vermittlung der unabdingbaren Voraussetzungen des Christlichen, setzt sich die Gnade ihre eigenen natürlichen Voraussetzungen voraus, ja ist sogar oft ungenannt mehr als bloße Natur, nämlich die heilende Bewahrung und Rettung dieses Natürlichen durch den Gott der Gnade und des ewigen Lebens gegeben."[15]

15 Karl Rahner „Zur Theologie des Buches", Leipzig 1962, S. 47-49

V. Unsere Demokratie ist lebens - und schützenswert!

Wir leben in einem Gemeinwesen, das es uns gestattet, öffentlich alles lächerlich zu machen. Wir dürfen unsere Meinung frei und öffentlich dazu äußern, dass unser Grundgesetz angeblich keine vollgültige Verfassung ist. Und wir dürfen dabei so tun - auch öffentlich - als ob wir nicht mitbekommen haben, dass dies die beste Verfassung ist, die wir in Deutschland je hatten. Gewaltenteilung, bürgerliche Freiheiten, sozialer Ausgleich - bei allen noch zu leistenden Aufgaben sind wir in Deutschland so gut aufgestellt, dass Menschen anderer Länder Sehnsucht danach haben, unter ähnlichen Verhältnissen zu leben. Die Rechtspopulisten, die davon schwadronieren, dass die "ganze Welt uns heimsucht", geben ungewollt mit ihrer Hasspropaganda ein Zeugnis der Güte unseres Gemeinwesens. Und jene, die unser Gemeinwesen verächtlich machen, dass es angeblich nur "von Gnaden des Imperialismus" existiert, sollten vor ihrer Propaganda die Frage beantworten, wo denn die "Diktatur des Proletariats" funktioniert. Sie mögen dabei zusehen, dass sie die Gulags und Maos „Großen Marsch" und Pol Pot' s mörderisches Schreckenssystem ebenso wenig übersehen, wie das „Paradies der Werktätigen" in Nordkorea oder anderswo, wo stalinistische und kommunistische Gewaltregime ihr mörderisches Gesellschaftsexperiment durchführten oder noch aufrechterhalten. "[16]

16 Geleugnet werden soll und darf nicht, dass es globale Probleme in Ökologie und Ökonomie gibt, eine himmelschreiende Ungerechtigkeit bei der Güterverteilung, eine oft ungehemmte und verantwortungslose Ressourcenverschwendung und eine ‚Schere' zwischen Arm und Reich - wie gesagt - globalen Ausmaßes, die immer weiter auseinandergeht. Aber es gibt kein einziges sinnvolles Argument dafür, dass diese Probleme durch diktatorische Regimes besser gelöst würden. Die geschichtlichen Erfahrungen mit Diktaturen sind auch in dieser Hinsicht eindeutig! Das sollten auch und vor allem jene bedenken, die darauf aufmerksam machen, dass es die kapitalistische Wirtschaftsweise ist, die diese Probleme maßgeblich verursacht. Genau aus den o.g. Gründen wird man sich eben nicht darauf berufen können, dass es erforderlich wäre, die offene Gesellschaft zu zerschlagen – um an ihre Stelle diktatorische Regime zu installieren mit dem (angeblichen) Ziel,

Nein, es ist die abendländische Kultur mit ihrem christlichen Welt- und Menschenbild, die dafür einsteht, dass Menschenwürde *Gottebenbildlichkeit* bedeutet. Auch wenn das Wort *Gottebenbildlichkeit* heute neu buchstabiert werden muss; eines kann und wird man sagen müssen: Sie (die Gottebenbildlichkeit) ist vor allem auch jener Sperrriegel, der verhindert, dass Menschen in ihrer Würde eben nicht primär von Rasse, Klasse oder Nutzen her bestimmt werden.

Fremdenfeindlichkeit und der heute wieder stärker um sich greifende Rechtsextremismus fordern vor allem eines: Eine eindeutige persönliche Stellungnahme! Erschrocken nehme ich in vielfachen Äußerungen – sowohl in der digitalen Welt als auch in den Print-Medien – zur Kenntnis, wie abstrakt und theoretisch oft die Frage der Fremdenfeindlichkeit und des Rechtsradikalismus in Deutschland abgehandelt wird. Bei vielen Gesprächen wird kaum noch deutlich, dass es um existentielle menschliche Schicksale geht.

Wie schnell ist man mit Schuldzuweisungen bei der Hand und schiebt den sprichwörtlichen Ball hin und her, beispielsweise zwischen den ehemaligen beiden deutschen Staaten. Ich bin in der DDR aufgewachsen und habe im Schulunterricht gelernt, dass die DDR mit dem Faschismus nichts zu tun hat. In der DDR wurde ja angeblich das Erbe alles Fortschrittlichen in der deutschen Geschichte bewahrt. In der so genannten imperialistischen BRD hingegen stellte sich die so genannte herrschende Klasse

die sozialen und ökologischen Rahmenbedingungen der Marktwirtschaft zu stärken. Das Gegenteil ist der Fall: Einzig die offene Gesell-schaft ist in der Lage, wirklich alle Ressourcen zu entbinden und zu nutzen, um die globalen ökologischen und ökono-mischen Probleme nachhaltig zu lösen, denn alle Diktatoren haben letzten Endes nur ein einziges Ziel: Die eigene Macht zu sichern und zu erweitern-buchstäblich um jeden Preis! „Koste es, was es wolle". Wer diese geschichtlichen und gesell-schaftlichen Erfahrungen ignoriert, leidet an einer verzerrten Wahrnehmung, die Anlass gibt zu großer Sorge, wenn man die möglichen Konsequenzen solcher Ignoranz bedenkt.

schützend vor alte und neue Nazis. So jedenfalls die ehemalige Staatsdoktrin der DDR.

Ja, so einfach hat man es sich im „vormundschaftlichen Staat" kommunistischer Prägung in Deutschland einst gemacht! Und wie oft lese ich auch heute noch in einschlägigen Zeitschriften und Beilagen diese skurrilen, vereinfachenden und demagogischen Stellungnahmen?! Was ich nicht gelernt habe in der Schule der DDR war die Frage: Gab es vielleicht in unseren Familien auch Tendenzen zum Rassismus, zum Antisemitismus? Wie war das damals in der eigenen Familie, wie stand man zur Judenverfolgung und zum Hass auf Andersdenkende? Gab es Verstrickungen, Schuld, womöglich Verbrechen? Wie war es mit der Aufarbeitung der Nazi-Vergangenheit? Was wurde nicht alles vertuscht, verdrängt und verharmlost – auf und in allen Ebenen der Gesellschaft. Die guten Seiten deutscher Geschichte hat die DDR eh' für sich beansprucht und die schlimmen Seiten waren und sind angeblich ausschließlich Ergebnis von unüberbrückbaren Klassengegensätzen, die ja die DDR überwunden hat. So einfach können es sich Ideologen machen, so verführerisch und entlastend wirken Mechanismen der Verdrängung und eine ausgeprägte Sündenbock-Mentalität.
Es war und ist diese Art von Verdrängung, von partieller Blindheit, die ihre Wurzeln vornehmlich in ideologischer Verblendung hat und eine ehrliche Auseinandersetzung mit Radikalismus jeglicher Art verhindert hat – und teilweise (wieder) verhindert![17]

---

17 Diese Ideologie, die 40 Jahre lang alle gesellschaftlichen, teilweise auch privaten Bereiche in der DDR beherrschte, gefiel sich in Arroganz und Selbstherrlichkeit, die mitunter rat- und sprachlos machte. Ich erinnere mich noch heute an die absurde und völlig unbewiesene Behauptung im so genannten Staatsbürgerkundeunterricht, dass die Weltanschauung des Marxismus – Leninismus die „einzig wissenschaftliche Weltanschauung" sei. Oder an den grotesken Satz, den angeblich Friedrich Engels am Grab von Karl Marx gesagt haben soll: „Die Lehre von Karl Marx ist allmächtig – weil sie wahr ist."

Darum sind (noch) bis heute spürbare Auswirkungen in großem Maße wirksam. Und darum treibt mich die Sorge um, die sich gerade auch in jüngerer Zeit immer mehr aufdrängt: Es scheint, wir gleiten in Deutschland und Europa zunehmend in eine gesellschaftliche Wirklichkeit ab, in der nichts mehr gilt, in der keiner mehr so recht weiß, wonach er sich richten, woran er sich halten soll. Außer an die eigenen, stets wachsenden materiellen Ansprüche! Die Ergebnisse sind dann buchstäblich „mit Händen zu greifen" im Verhältnis zu Menschen aus anderen Ländern.

Was geben wir an unsere Kinder und Enkel weiter? Was zählt im Leben angesichts von Verschwörungstheorien,[18] von völkischem und rassistischem Gedankengut und von nostalgischem Rückblick z.B. auch auf die DDR? Eine ehrliche Analyse kann rasch erkennen, dass hinter allem – neben tatsächlichen oder vermeintlichen Überforderungen – oft Neidkomplexe stehen und die Sehnsucht nach der „guten alten Zeit". Viel zu nah (und deshalb so gefährlich!) ist dann der laute Ruf nach dem „Führer"

18 Lebhaft in Erinnerung ist mir ein Gespräch, von dem mir ein guter Freund berichtet hat. Es ging um die Frage von Verschwörungstheorien. Er hatte eine merkwürdige Begegnung mit jemandem, der der sogenannten „Reichsbürger-Bewegung" angehört. Auf die vielen skurrilen Behauptungen, dass wir in einem besetzten Land leben, dass alles nur gelenkt und manipuliert sei, dass hinter dem „Flüchtlingsstrom" nur eine islamistische Unterwanderungs-strategie stehe, konnte er ironischerweise nur seine Bewunderung für diesen ‚Weisen' zum Ausdruck bringen, der – entgegen der „dummen Masse" – ja ‚auserwählt' zu sein schien, diese ganzen Verschwörungen zu durchschauen. Seine Frage an den „Reichsbürger", was sich ändert, wenn er wirklich Recht hätte, weil ja die „dumme Masse" längst verführt sei und deshalb nichts ändern wird und kann, blieb unbeantwortet. Besonders spannend war der Schluss des Gespräches: Der „Reichsbürger" trat vehement dafür ein, dass in Deutschland nur ein staatliches Gebilde legitim sei, nämlich das Reich Otto von Bismarcks. Mein Freund, ein bekennender Christ, der nicht mehr an sich halten konnte, brachte das Gespräch zu Ende mit dem Hinweis, dass er so bescheiden nicht sei, sich mit dem Reich Bismarcks zufrieden zu geben. Er erstrebe das Reich Gottes und hoffe, dass er dazu seinen Beitrag leisten kann. Der Zug hielt; wortlos und mit einer eindeutigen Handbewegung zum Kopf verabschie-dete sich der „Reichsbürger" von seinem Gesprächspartner.

oder der „führenden Partei". In Summa: Hinter vielen gesellschaftlichen Phänomenen stehen heute oft Unfähigkeit und Unwille, zu erkennen und zu akzeptieren, dass wir in einer unüberschaubar komplexen Welt leben. Dass dies oft zu Überforderungen führen kann, ist – wie schon gesagt - unbestritten. Und wir tun gut daran, Hilfe und Rat zu geben, damit Menschen aus solchen bedrängenden Situationen wieder herauskommen.

Ebenso unbestritten allerdings ist auch der Unsinn, der mit dem „Mythos der einfachen Rezepte" suggeriert wird. Warum? Weil es keine einfachen Lösungen in einer komplexen Welt geben kann! Die vielfältigen und unterschiedlichen Interessen müssen in aufwendigen Aushandlungsprozessen um einen möglichst gerechten Ausgleich ringen. Das geht nur in einer offenen Gesellschaft, die auf Menschenwürde, auf dem Willen zur Gerechtigkeit, zur Fairness, Freiheit und Wahrheit aufruht. Und diese Tugenden sind es, die das Leben in einer offenen Gesellschaft lebenswert machen. Sie sind es auch, die wir – um des Lebens willen – an Kinder und Enkel weiter zu geben haben. Es ist grober Unfug, zu behaupten, das Leben in einer offenen Gesellschaft ist einfach. Aber es ist schön, es ist spannend – und es nimmt den Menschen ernst, weil es Chancengerechtigkeit ermöglicht.

‚Alternativ' wären nur der „Führerstaat" oder der „vormundschaftliche Staat", dessen Überwachungskapazität durch heutige technische Möglichkeiten fast unbegrenzt sein dürfte. Darum wird es auch nicht schwerfallen, sich diese ‚Alternativen' zur offenen Gesellschaft vorzustellen, deren auffälligste Merkmale Arroganz, Zynismus und Ironie sind. Und deshalb gehört auch ein unvoreingenommener Blick in die Geschichte zu den spannenden Aspekten des Lebens, über die wir mit Kindern und Enkeln immer wieder das Gespräch suchen sollten.

Abschließend komme ich aus gutem Grund noch einmal auf die *Religion* zu sprechen. Denn es steht gläubigen Menschen gut zu Gesicht, ein starkes Plädoyer für eine offene Gesellschaft zu halten! Religion wird dort richtig verstanden, wo Menschen sich ihrer unverlierbaren Würde bewusst sind und zugleich auch der Würde des Nächsten und Fernsten. Darum kennen Religionen – wenn sie sich richtig verstehen – keine Aus- und Abgrenzung. Stattdessen bieten sie ein Friedenspotential auf, dass es heute – um der Menschen und ihrer Zukunft willen – unter allen Umständen zu nutzen gilt:

„Wer an den Einen Gott glaubt, ist in den Augen des Juden Jakobus ein Jude und in den Augen MOHAMMEDs ein Muslim, und alle Unterschiede zwischen den Religionen heben sich auf vor der Einheit und Einzigkeit Gottes! Also sollte ein ‚Christ‘ gültig beten dürfen in einer jüdischen Synagoge und ein Jude in einer Moschee und ein Muslim in einer Kirche; es bedeutete zweifellos einen der wichtigsten Beiträge zum Frieden zwischen den Religionen und Kulturen, es verwandelte den Glauben an Gott – endlich! – in eine Quelle gütiger Menschlichkeit und Toleranz, und es entspräche ganz und gar der ‚Umkehrung‘, die Jesus in seiner Religion und seinem Volke im Namen des Einen Gottes für alle Menschen erreichen wollte!

Die ‚christliche‘ Bedingung dieser ‚Umkehr‘ besteht allerdings in der Vermenschlichung des Menschen durch die Kraft des Vertrauens; sie gründet in der Personalisierung der Person im Gegenüber der Person Gottes; sie ergibt sich aus der Befreiung von den ‚Gesetzen‘ der Natur durch den absoluten Unterschied Gottes als des ‚Schöpfers‘ zu Seiner Schöpfung. Ein ‚mystischer‘ Pantheismus, der ‚das Göttliche‘ mit dem ‚All‘ identisch setzte, indem er unter ‚Religion‘ das Aufgeben der Person und das Aufgehen in das All – Eine verstünde, wäre in den Augen Jesu oder Jakobi weder jüdisch noch christlich und in den Augen MOHAMMEDs nicht muslimisch; die Befriedung („Islam') des Menschen von seiner Daseinsunruhe, die in seinem Personsein selbst gründet, käme nie zustande durch den Bezug zu etwas Apersonalem, Anonymem, grenzenlos Schweigendem, das in allem ,anwesend' ist, ohne ein einziges der Wesen anzureden und als es selber zu meinen; zu einer solchen ,Gottheit' wäre weder mit den Worten der Psalmen noch mit den Worten des Vater – unsers, noch mit den Suren des Korans zu beten; eine solche ,Gottheit' zu glauben ist nach der Darlegung des Jakobus eine ,Befleckung' durch Götzendienst."[19]

Rudolf Hubert
Schwerin, den 03.08.2018

19 Eugen Drewermann „Die Apostelgeschichte", Ostfildern, 2011, S. 677/ 678

Zum Autor

„Rudolf Hubert (geb. 1958) ist Regionalleiter der Region Schwerin im Caritas-Verband für das Erzbistum Hamburg.

Als Schüler in der ehemaligen DDR ist er auf das Büchlein von Karl Rahner gestoßen: "Von der Not und dem Segen des Gebetes". Mit diesem Büchlein konnte er spirituell und intellektuell in der damaligen Situation Boden gewinnen. Seine anhaltende Beschäftigung und vertiefende Auslegung des Werkes Karl Rahners hat er in der umfassenden Studie zusammengefasst: „Im Geheimnis leben - Zum Wagnis des Glaubens in der Spur Karl Rahners ermutigen" (Würzburg: Echter 2013). Dieses Werk kann als vertiefende Auslegung ebenso empfohlen werden, wie als mystagogische Anleitung zur eigenen Glaubensfindung bzw. -vertiefung."

Prof. Dr. Roman A. Siebenrock, Universität Innsbruck